Bamberg

Werner Kohn

Bamberg

Ansichten Views Vues

Text und Zitatauswahl von Peter Braun

Text and selection of quotations by Peter Braun

Texte et choix de citations de Peter Braun

Verlag Fränkischer Tag

Für Rosa

Das auf sieben Hügeln gebaute Fränkische Rom, das romantische Geschenk eines Jahrtausends, das zauberhafte, das mittelalterliche, das stille enge Gassengewirr, das Glanz-des-Barock-Bamberg – ist Bamberg.
Auch.
Die einstigen Fischerhäuser, der Dom, der Reiter, das Rathaus im Wasser – sie stehen dafür.
Bamberg aber ist mehr.
Denn: Mit den Traumstadt-Fassaden ist von Alter Hofhaltung bis Neuer Residenz, von Oberer Pfarre bis Böttingerhaus bis Concordia bis Sankt Martin nur wenig abseits der Weltkulturerbe-in-zwei-Stunden-Blickwinkel kaum Beachtetes bewahrt: der sinnende Tod am Heiligen Grab in der Klosterkirche auf dem Michelsberg, das Äpfelweib in der Eisgrube, die abzuschlagende Hand bei der Elisabethenkirche im Sand, die Kapitelle im Kreuzgang der Karmeliter.
Noch dazu: Der Gemüsemarkt, der Ottobrunnen, die Felder der Gärtner, der Hain, das E.T.A. Hoffmann-Haus, erst das weniger Gekannte, das nicht eben Gesuchte, fügt hier wie nirgends das seltene Große zum kostbaren Ganzen: Bamberg.
Und: Nur der sich die Tage nimmt zu gehen, zu schauen, der findet dies so einzig gewachsene, oft beschriebene, lebendige Bamberg, das viele Ansichten fordert.
Schon immer.
Weil da gilt: Bamberg, das sei eine sehr schöne und merkwürdige Stadt.

Peter Braun

The Franconian Rome built on seven hills, the romantic gift of a millennium, the magical, the mediaeval, the hidden maze of narrow streets, the splendour-of-Baroque Bamberg – all that is Bamberg. The houses where the fishermen used to live, the cathedral, the Rider, the town hall standing in the water – they embody Bamberg, too.
But there is more to Bamberg. Beside the façades of a dream city, stretching from Old Court to New Residence, from Upper Parish Church to Böttinger House, to Concordia, to St. Martin's, there are aspects preserved that one hardly heeds. Aspects that are only a little way away from the World Heritage city as seen in two short hours: Death pondering to himself by the Holy Sepulchre in the monastery church on St. Michael's Hill, the »Apple Woman« door knob in the street Eisgrube, the hand on a chopping block by St. Elizabeth's Church in Sandstrasse, the capitals on the pillars in the Carmelite cloisters.
Then there is the vegetable market, St. Otto's Fountain, the market-gardeners' fields, Hain Park, E.T.A. Hoffmann House, the less known, the out-of-the-way, all these bring together, as nowhere else, what is rare and great to fashion the precious entity that is Bamberg.
Only the person who takes the time and days to walk and look for himself will discover the Bamberg that has evolved so uniquely, that has so often been described, that is so alive, the Bamberg that calls for abundant portrayal. And that was always so. For it is a fact, that Bamberg is a very beautiful and peculiar town.

Peter Braun

Bamberg, c'est la Rome franconienne érigée sur sept collines, un millénaire offert en cadeau romantique, un dédale de charmantes, d'étroites et de paisibles ruelles médiévales, la splendeur de l'époque baroque.
Les anciennes maisons de pêcheurs, la cathédrale, le cavalier, l'Hôtel de ville sur l'eau en sont au même titre les témoins représentatifs.
Mais Bamberg, c'est plus...
En effet, à côté des façades de la ville de rêve, de l'Ancien Palais à la Nouvelle Résidence, de l'église paroissiale du Haut à l'Hôtel Böttinger, du Palais Concordia à l'église Saint-Martin, un peu à l'écart du regard sur la ville offert par la visite en deux heures du patrimoine culturel mondial se sont conservés des petits détails échappant à notre attention: la mort songeuse près du Saint Sépulcre dans l'église du monastère sur la colline de Saint-Michel, la marchande de pommes dans la Eisgrube, la main à trancher près de l'église Sainte-Elizabeth dans le quartier du Sand, les chapiteaux dans le cloître des Carmes.
Par ailleurs, c'est le marché aux légumes, la fontaine d'Otton, les champs des maraîchers, le parc du Hain, la maison d'E.T.A. Hoffmann, tout ce qui est moins connu et par là même moins recherché; ici se fond comme nulle part ailleurs la rareté de la grandeur dans la préciosité de l'ensemble: c'est Bamberg.
Et seul celui qui prend le temps de flâner, de regarder, découvrira ce Bamberg vivant dans son ensemble original si souvent décrit, éveillant de multiples regards différents.
Et cela depuis toujours.
La remarque s'impose alors: Bamberg serait une très belle ville, très singulière.

Peter Braun

Das ist eine Stadt, die steckt voll Raritäten,
wie die Commode einer alten Großmama,
die viel zusammenscharrte.

Karl Immermann (1837)

It is a town crammed with rarities
like the chest of drawers of an old grandma
who has scraped a lot together.

Karl Immermann (1837)

C'est une ville qui déborde de curiosités,
comme la commode d'une grand-maman
qui a beaucoup collectionné.

Karl Immermann (1837)

Blick vom Rößleinsweg

View from Rössleinsweg

Vue du Rössleinsweg

Domtürme

Cathedral spires

Clochers de la cathédrale

Hofapotheke — Court pharmacy — Pharmacie de la cour

Vor dem Dom In front of the cathedral Devant la cathédrale

Dom, Nordostturm

Cathedral, northeast tower

Cathédrale, clocher nord-est

Dom, Veitspforte Cathedral, St. Vitus's Portal Cathédrale, portail de Guy

Domstraße   Domstrasse   Rue de la cathédrale

Dom, Chorgestühl

Cathedral, choir stalls

Cathédrale, stalles

Dom, Kaisergrab

Cathedral, Imperial Tomb

Cathédrale, tombeau impérial

Bamberger Reiter. Klarer Fall.

Walter Kempowski (1972)

The Bamberg Rider. That is a clear case.

Walter Kempowski (1972)

Le cavalier de Bamberg. C'est clair.

Bamberger Reiter

Bamberg Rider

Cavalier de Bamberg

Alte Hofhaltung | Old Court | Ancien Palais

In der Alten Hofhaltung Old Court, inner courtyard Ancien Palais, cour intérieure

Domplatz Cathedral Square Place de la cathédrale

Neue Residenz

New Residence

Nouvelle Résidence

Statue im Rosengarten

Statue in the Rose Garden

Statue dans la roseraie

Leute, welche Ruhe allem vorziehen, und diese gibt es nicht wenige, finden dann doch, daß man unter dem Krummstab ganz gemächlich verdauen könne.

Karl Roger von Ribaupierre (1802)

People, who prefer peace above all else,
and there are more than a few of them,
in fact discover that a really quiet life
can be led under the rule of the bishop's crosier.

Karl Roger von Ribaupierre (1802)

Ceux qui préfèrent la tranquillité avant tout
et ils ne sont pas en moindre nombre,
trouvent quand même qu'on peut digérer
en toute quiétude à l'ombre de l'évêché.

Rosengarten,
Blick auf St. Michael

Rose Garden,
looking towards St. Michael's

Roseraie,
vue sur Saint-Michel

Rosengarten

Rose Garden

Roseraie

Blick vom Rosengarten View from the Rose Garden Vue de la roseraie

Neue Residenz,
Kaisersaal

New Residence,
Emperor's Chamber

Nouvelle Résidence,
salle impériale

St. Michael, Otto-Grab

St. Michael's, St. Otto's tomb

Saint-Michel, tombeau d'Otton

St. Michael,
Heilig-Grab-Kapelle

St. Michael's,
Holy Sepulchre Chapel

Saint-Michel,
chapelle du Saint Sépulcre

St. Michael, Freitreppe

St. Michael's, flight of steps

Saint-Michel, perron de l'escalier

Frühere Kaliko,
Blick auf St. Michael

Former calico factory
with view of St. Michael's

Usine de calicot,
vue sur Saint-Michel

Beim Ottobrunnen,
Blick auf St. Michael

Near St. Otto's Fountain,
looking towards St. Michael's

Près de la fontaine d'Otton,
vue sur Saint-Michel

Hölle, Blick auf St. Stephan Hölle, view of St. Stephen's Hölle, vue sur Saint-Étienne

Bamberg hat eine herrliche Lage,
und gefällt mir sehr,
bei aller Alterthümlichkeit sieht es heiter aus
und scheint wohlhabend.

Karl August Varnhagen von Ense (1856)

Bamberg has a fine situation
and pleases me greatly,
for all its ancientness it looks cheerful
and seems prosperous.

Karl August Varnhagen von Ense (1856)

Bamberg a un site merveilleux
et elle me plaît beaucoup;
malgré tout son caractère archaïque,
elle a conservé sa gaieté et semble prospère.

Blick auf St. Jakob View of St. James's Vue sur Saint-Jacques

St. Jakob

St. James's

Saint-Jacques

Obere Brücke,
Nepomukstatue

Upper Bridge,
statue of St. John Nepomuk

Pont supérieur,
statue de Népomucène

Ebracher Hof
und Obere Pfarre

Ebracher Court
and Upper Parish Church

Dépendance de l’abbaye d’Ebrach
et église paroissiale du Haut

Chor der Oberen Pfarre   Chancel of Upper Parish Church   Choeur de l'église paroissiale du Haut

Karmelitenkirche   Carmelite Church   Église des Carmes

Karmelitenkloster, Kreuzgang   Carmelite Monastery, cloisters   Monastère des Carmes, cloître

St. Michael, Klostergarten St. Michael's, monastery garden Saint-Michel, jardin du monastère

Dom, Kreuzgang Cathedral, cloisters Cathédrale, cloître

Maximiliansbrunnen,
Kaiser Heinrich

Maximilian Fountain,
Emperor Henry

Fontaine de Maximilien,
l'empereur Henri

Solche alte Pfaffenstädte haben immer etwas Verlottertes und Fideles, wie ich es gerne habe.

Jacob Burckhardt (1877)

Such old towns teeming with clerics always possess
a slight degree of seediness and merriness
such as I like.

Jacob Burckhardt (1877)

De telles vieilles villes calotines
ont toujours un côté laissé à l'abandon et enjoué,
comme je l'aime.

Untere Brücke, hl. Kunigunde   Lower Bridge, St. Kunigunde   Pont inférieur, Sainte Cunégonde

Linker Regnitzarm

Left arm of the Regnitz

Bras gauche de la Regnitz

Am Kranen

Crane at the old harbour

Grue de l'ancien port

Beim Alten Rathaus

By the Old Town Hall

Près de l'ancien Hôtel de ville

Auf der Oberen Brücke | On the Upper Bridge | Sur le pont supérieur

Altes Rathaus, Ratssaal Old Town Hall, council chamber Ancien Hôtel de ville, salle du conseil

Die Gegenwart hat in einer Stadt wie Bamberg überhaupt kein Recht;
sie hat den Mund zu halten und sich zu schämen.

Victor Auburtin (1924)

The present has absolutely no right in a town like Bamberg;
it should hold its tongue and feel duly ashamed.

Victor Auburtin (1924)

Le présent n'a aucun droit de cité dans un ville comme Bamberg;
il doit tenir sa langue et rougir un peu.

Altes Rathaus,
Stadtwappen

Old Town Hall,
city coat of arms

Ancien Hôtel de ville,
armoiries de la ville

Altes Rathaus, Balkon

Old Town Hall, balcony

Ancien Hôtel de ville, balcon

Altes Rathaus | Old Town Hall | Ancien Hôtel de ville

Altes Rathaus,
Stadtwappen

Old Town Hall,
city coat of arms

Ancien Hôtel de ville,
armoiries de la ville

Am Wehr By the weir Près du barrage

An der Oberen Brücke — By the Upper Bridge — Au pont supérieur

In Bambergs alten Mauern ist der Ruhm der Vergangenheit
nicht spurlos verweht.
Man kann die Geschichte anfassen.

Wolfgang Boller (1987)

In Bamberg's ancient walls the fame of the past
has not been obliterated without trace.
History is there to be felt.

Wolfgang Boller (1987)

La grandeur du passé a laissé son empreinte
dans les murs de Bamberg.
L'Histoire y est à portée de main.

Bei der Unteren Brücke

By the Lower Bridge

Près du pont inférieur

Untere Brücke, Flohmarkt

Lower Bridge, flea market

Pont inférieur, marché aux puces

Obere Brücke Upper Bridge Pont supérieur

Auf der Unteren Brücke

On the Lower Bridge

Sur le pont inférieur

Klein-Venedig Little Venice Petite Venise

Ludwig-Donau-Main-Kanal,
Schleuse 100

Ludwig-Danube-Main Canal,
lock no. 100

Canal de Louis Danube-Main,
écluse n.º 100

Linker Regnitzarm,
beim heutigen Stadtarchiv

Left arm of the Regnitz
by the municipal archives building

Bras gauche de la Regnitz
près des archives municipales

Neue Kram
und Rottmeisterhäuschen

The house »Neue Kram«
and »Rottmeisterhäuschen«

Maison »Neue Kram«
et maison du chef de troupe

Dadurch, daß wenige Strassen nach der Schnur gebauet sind,
erhält diese Residenz mehr Abwechselung,
die in der That dem Aug viel Vergnügen giebt.

Johann Michael Füssel (1784)

As few streets are built in a straight line,
this princely seat gains in variety,
which in turn is highly pleasing to the eye.

Johann Michael Füssel (1784)

Comme peu de rues y ont été tracées au cordeau,
cette ville de résidence offre à l'oeil une grande diversité
et ce, en vérité, à son plus grand plaisir.

Mühlviertel

Mill district

Quartier des moulins

Böttingerhaus, Portal

Böttinger House, portal

Hôtel Böttinger, portail

Böttingerhaus

Böttinger House

Hôtel Böttinger

Concordia

Concordia

Palais Concordia

Am Mühlwörth »Mühlwörth« »Mühlwörth«

Schloß Geyerswörth

Geyerswörth Castle

Château de Geyerswörth

Das ganze 20. Jahrhundert scheint hier nichts als ein Gerücht.

Reinhard Baumgart (1990)

The whole of the 20. century seems to be no more than a rumour here.

Reinhard Baumgart (1990)

Tout le 20ème siècle semble ici n’être rien d’autre qu’une rumeur.

Schloß Geyerswörth,
Renaissancesaal

Geyerswörth Castle,
Renaissance Chamber

Château de Geyerswörth,
salle Renaissance

Kapuzinerstraße,
Hausmadonna

Kapuzinerstrasse,
Madonna on the wall of a house

Kapuzinerstrasse,
Madone au mur d'une maison

Gerichtsbarkeitszeichen
bei der Elisabethenkirche

Threat of punishment
by St. Elizabeth's Church

Dessin gravé de punition encourue
près de l'église Sainte-Elizabeth

Obere Pfarre,
Marienprozession

Upper Parish Church,
procession of Our Lady

Église paroissiale du Haut,
procession mariale

St. Jakob,
Kreuzweihe

St. James's,
consecration of a cross

Saint-Jacques,
consécration de la croix

Am Pfahlplätzchen

The little square »Am Pfahlplätzchen«

Place »Am Pfahlplätzchen«

Bamberg ist eine ziemlich grosse, sehr schöne und merkwürdige Stadt.

Johann Caspar Riesbeck (1784)

Bamberg is a rather large, very beautiful and peculiar town.

Johann Caspar Riesbeck (1784)

Bamberg est une assez grande ville, très belle et très singulière.

Marienprozession Procession of Our Lady Procession mariale

Kleine Fronleichnamsprozession   Little Corpus Christi procession   Petite procession de la Fête-Dieu

Kleiner Altar beim
Aufseßhöflein

Field altar in front of
»Aufseßhöflein«

Autel champêtre devant
»Aufseßhöflein«

Marienprozession

Procession of Our Lady

Procession mariale

Gärtnerviertel, nach der Fronleichnamsprozession

Market-gardening district, after the Corpus Christi procession

Quartier des maraîchers, après la procession de la Fête-Dieu

Prozessionsstäbe der Fünf-Wunden-Brüderschaft

Procession maces belonging to the Five Stigmata Brotherhood

Bâtons de procession de la confrérie des Cinq Plaies du Christ

Alles gedeiht wunderbar in diesem Landstriche,
auch die Gärtnerinnen.

C. Gottlieb Frege (1846)

Everything thrives wonderfully in this area,
the gardener women as well.

C. Gottlieb Frege (1846)

Sur ce terroir, tout s'épanouit à merveille,
même les maraîchères.

Beim Spargelstechen

Harvesting asparagus

Coupage des asperges

Becken der Beregnungsanlage Water reservoir of sprinkler system Citerne du système d’arrosage

Siechenstraße, Gärtnerei   Siechenstrasse, market-garden   Siechenstrasse, exploitation maraîchère

Hofstadt,
Gärtnerviertel

»Hofstadt«,
the market-gardening district

»Hofstadt«,
quartier des maraîchers

Oberes Kreuth,
Feldarbeit

»Oberes Kreuth«,
working in the fields

»Oberes Kreuth«,
travaux des champs

Maxplatz

»Maxplatz«

»Maxplatz«

Markt Market Marché

Brotzeit

Enjoying a snack

Casse-croûte

Marktstand | Market stall | Étal au marché

Vor St. Martin | In front of St. Martin's | Devant Saint-Martin

Die Stadt als Großes Ganzes ist lebendig, ohne sich zu überschlagen, und zugleich bedächtig verschlafen, ohne im Koma zu liegen.

Hans Wollschläger (1987)

The town in its whole size is lively, without getting carried away,
and at the same time thoughtfully sleepy, without being comatose.

Hans Wollschläger (1987)

La ville est bien vivante tel un grand tout, sans précipitation;
et en même temps elle somnole dans la circonspection,
sans tomber dans le coma.

Inselstadt City on the island Ville sur l'île

Gabelmann

Neptune Fountain

Fontaine de Neptune

Wehr im Mühlenviertel

Weir in the mill district

Barrage dans le quartier des moulins

Wehr am rechten Regnitzarm

Weir on the right arm of the Regnitz

Barrage sur le bras droit de la Regnitz

Unter der Hainbrücke

Under Hain Bridge

Sous le pont du Hain

E.T.A. Hoffmann-Haus

E.T.A. Hoffmann House

Maison d'E.T.A. Hoffmann

Konzert- und Kongreßhalle

Concert and Congress Hall

Salle de concert et de congrès

In der Karolinenstraße

In Karolinenstrasse

Dans la Karolinenstrasse

Der Charakter der Bamberger soll im allgemeinen,
Biederherzigkeit, Phlegma, Aberglaube u häufiges BierTrinken seyn.

Wilhelm Heinrich Wackenroder (1793)

The characteristics of the Bambergers are generally said to be made up of conventionality, lethargy, superstition and frequent beer drinking.

Wilhelm Heinrich Wackenroder (1793)

Il paraît que les Bambergeois sont en général de braves gens, flegmatiques, superstitieux et grands buveurs de bière.

Schlenkerla

The inn »Schlenkerla«

Brasserie de »Schlenkerla«

Polarbär

The inn »Polarbär«

»Polarbär«

Im Biergarten

In the beer garden

Dans le jardin à bière

Wunderburg, Mahr's Bräu

Wunderburg, Mahr's Brewery

Wunderburg, brasserie Mahr

Auf dem Spezial-Keller In the Spezial brewery's beer garden Brasserie »Spezial«, jardin à bière

Auf dem Michelsberg On St. Michael's Hill Sur la colline Saint-Michel

Sandkirchweih — Sand District church fair — Kermesse du quartier du Sand

Auf dem Leinritt

On the old towpath

Le long du »Leinritt«

Die Bamberger sind im Allgemeinen ein biederes, lebhaftes Völkchen.
Der Frohsinn ist hier zu Hause;
und offenherzige, frische Geselligkeit zeigt sich überall.

Ludwig Braunfels (1847)

In general, the Bambergers are an upright, lively people.
Cheerfulness is part of life here;
and frank, refreshing conviviality is apparent everywhere.

Ludwig Braunfels (1847)

Les Bambergeois sont en général de braves petites gens pleins de vie.
La gaieté est ici de mise
et la convivialité franche et spontanée s’y rencontre en tous lieux.

Fischerstechen Fishermen's jousting contest Joutes nautiques

Die Sandkirchweih

Sand church fair

Kermesse du quartier du Sand

Elisabethenstraße Elisabethenstrasse Elizabethenstrasse

Kehraus

Cleaning up

Lendemain de fête

Sommertheater Summer theatricalities Théâtre estival

Am Torschuster »Torschuster« Au »Torschuster«

Obere Karolinenstraße

Obere Karolinenstrasse

Obere Karolinenstrasse

Concordiastraße

Concordiastrasse

Concordiastrasse

Bamberg hatte Glück;
es hat die städtefressenden Kriege fast heil überlebt.

Hermann Kesten (1970)

Bamberg was lucky;
it survived almost without harm the wars that devoured cities.

Hermann Kesten (1970)

Bamberg a eu de la chance;
elle a survécu presque dans son entier aux guerres dévoreuses de villes.

Lange Straße

Lange Strasse

Lange Strasse

Blick von der Altenburg View from Altenburg Castle Vue de l'Altenburg

Bamberg: Spargelstechen – Fischerstechen – Herzstechen.

Werner Kohn (1998)

Bamberg: stabbing for asparagus – fishermen stabbing each other with a pole – a stabbing pain in your heart.

Werner Kohn (1998)

Bamberg: Pointes d'asperges – Joutes nautiques: »Pointez!« – Point au coeur.

AVE MARIA
DAS BÖSE IST NICHT SCHÖPFERISCH

Zu den Zitaten

Die Jahreszahlen hinter den Autorennamen geben möglichst das Jahr der Entstehung oder der ersten Veröffentlichung an.

Victor Auburtin, *Reise ins Frankenland*, Bamberg, 17. Juni 1924, in: Ders., Kristalle und Kiesel. Auf Reisen gesammelt, München 1930, S. 12.

Reinhard Baumgart, *Ein Versuch über Bamberg*, Manuskript für den Bayerischen Rundfunk. Am 10. Juli 1990 hielt B. in Bamberg eine Lesung über Bamberg, die der BR ausgestrahlt hat.

Wolfgang Boller, *Zwischen Bier und Beichtstuhl.* In Bambergs alten Mauern ist der Ruhm der Vergangenheit nicht spurlos verweht. In: Die Zeit, Nr. 31, 24. Juli 1987, S. 39.

Ludwig Braunfels, *Die Mainufer und ihre nächsten Umgebungen*, Würzburg 1847, S. 139.

Jacob Burckhardt, Brief vom 31. August 1877, in: Fränkische Blätter für Geschichtsforschung und Heimatpflege, Bamberg, Jg. 11, Nr. 9 vom 21. Mai 1959, S. 36.

C. Gottlieb Frege, *Harmloses Unkraut.* Reiseblätter aus Baiern, Bremen 1846, S. 244.

Johann Michael Füssel, Tagebucheintrag von 1784, in: Unser Tagbuch oder Erfahrungen und Bemerkungen eines Hofmeisters und seiner Zöglinge auf einer Reise durch einen großen Theil des Fränkischen Kreises nach Carlsbad und durch Bayern und Passau nach Linz, Erlangen 1787/1791, Zweyter Theil (1788), S. 202.

Karl Leberecht Immermann, *Fränkische Reise.* Herbst 1837, in: Ders., Memorabilien, 3. Teil, Berlin 1843, S. 26.

Walter Kempowski, *Uns geht's ja noch gold.* Roman einer Familie, München 1972, zitiert nach der ungekürzten Taschenbuchausgabe, München 1975, S. 229.

Hermann Kesten, *Ein Fremder geht durch Bamberg*, in: Wolfgang Buhl (Hrsg.), Fränkische Städte, Würzburg 1970, S. 109. (Sendereihe des Bayerischen Rundfunks, Studio Franken, Fränkische Städte, Ausstrahlung: 18. Januar 1970)

Karl Roger von Ribaupierre, *Hochstift Bamberg*, in: Hans Hubert Hofmann, . . . sollen bayerisch werden. Die politische Erkundung des Majors von Ribaupierre durch Franken und Schwaben im Frühjahr 1802, Kallmünz 1954, S. 8.

Johann Caspar Riesbeck, *Briefe eines Reisenden Franzosen über Deutschland an seinen Bruder zu Paris*, Zürich 1784, zitiert nach Gerhard C. Krischker (Hrsg.), Irdisches und Himmlisches. Bamberger Lesebuch II, Bamberg 1990, S. 250.

Karl August Varnhagen von Ense, Tagebucheintrag 19. Juni 1856, in: Tagebücher von K. A. Varnhagen von Ense. Aus dem Nachlaß Varnhagen's von Ense, Bd. 13, Hamburg 1870, S. 56.

Wilhelm Heinrich Wackenroder, Bericht Wackenroders über seine Pfingstreise mit Tieck 1793, in: Ders., Sämtliche Briefe. Historisch-kritische Ausgabe. Herausgegeben von Silvio Vietta, Richard Littlejohns, Bd. II, Heidelberg 1991, S. 198.

Hans Wollschläger, *Bei Gott eine schöne Stadt.* Eine zornige Liebeserklärung an Bamberg, in: Merian Nr. 7/1987, Bamberg – Fränkische Schweiz, Hamburg 1987, S. 45.